A Esperança contra A Esperança

CIP-BRASIL. CATALOGAÇÃO NA PUBLICAÇÃO
SINDICATO NACIONAL DOS EDITORES DE LIVROS, RJ

C298e   Carpi, Maria
        A esperança contra a esperança / Maria Carpi. – 1. ed. –
        Porto Alegre [RS] : AGE, 2023.
        134 p. ; 14x21 cm.

        ISBN 978-65-5863-177-4
        ISBN E-BOOK 978-65-5863-178-1

        1. Poesia brasileira. I. Título.

        23-82109   CDD: 869.1
                                CDU: 82-1(81)

Gabriela Faray Ferreira Lopes – Bibliotecária – CRB-7/6643

Maria Carpi

A Esperança contra A Esperança

PORTO ALEGRE, 2023

© Maria Carpi, 2023

Capa:
Nathalia Real

Foto da aba:
Bea Balen Susin,
acrílica sobre tela (100 x 100cm)

Diagramação:
Júlia Seixas

Supervisão editorial:
Paulo Flávio Ledur

Editoração eletrônica:
Ledur Serviços Editoriais Ltda.

Reservados todos os direitos de publicação à
LEDUR SERVIÇOS EDITORIAIS LTDA.
editoraage@editoraage.com.br
Rua Valparaíso, 285 – Bairro Jardim Botânico
90690-300 – Porto Alegre, RS, Brasil
Fone: (51) 3223-9385 | Whats: (51) 99151-0311
vendas@editoraage.com.br
www.editoraage.com.br

Impresso no Brasil / Printed in Brazil

Apresentação

Luiz Ruffato

São escuras as nuvens que observamos ao nos debruçarmos à janela do nosso tempo. Que fazer, então, diante de tanta incerteza? Alguns se desesperam; outros se conformam. Mas há aqueles que, diante do porvir, por definição insondável, se recolhem à reflexão, fustigando os desígnios de nossa frágil condição humana, cuja destinação é a Morte.

Maria Carpi vem construindo uma obra poética de rara densidade. Num mundo que perdeu as referências éticas, hipnotizado pelo espetáculo coletivo e pela vulgaridade individual, ela se abraça ao silêncio para perscrutar a essência das coisas. Ao invés da velocidade das horas e do apego à materialidade, ela nos convida a buscar a transcendência. Afinal, "tudo / o que vivemos ou escrevemos / são fragmentos do vir a ser".

Não sejamos ingênuos, no entanto, a ponto de pensar que Maria Carpi nos oferece bálsamo para sanar nossas dúvidas – ela é poeta, nos oferece lanternas para percorrer os ásperos caminhos: "Para transcender é preciso deitar / raízes. E a não se desviar, é preciso / desviar-se de tanta coisa". Eis o mote deste grande livro, que poderia ser chamado "evangelho", pois anuncia uma boa mensagem: a esperança contra a esperança, como está antecipado no título.

A obra de Maria Carpi recupera a tradição da literatura mística – que tem em São João da Cruz e Santa Teresa de Ávila seus maiores representantes – e estabelece um profícuo diálogo com a poesia presente nas páginas da Bíblia. "A esperança é a escuta do grito / e da ferida. Não abranda o sofrer. / E sendo a carne do sofrimento, / a esperança não se separa da alegria, / mesmo na dor, mesmo no parto, / mesmo na separação, com a quietude / da terra lavrada e semeada". No dinamismo contraditório em que sobrenada a consciência da Humanidade, temos a oportunidade de compreender que "a carne santifica a esperança".

A título de prefácio

Este livro foi escrito em 2010, após longa meditação sobre o paradoxo de Abraão. Como é de meu feitio, deixei a poesia decantar, até que, em março de 2022, verifiquei que o seu núcleo poético era atual ao que estávamos vivendo: a guerra de um inimigo invisível, num vírus que alcançara todos os países do lindo Planeta Terra.

*Assim, em conjunto, **enfim irmanados**, teremos de ir além da coragem de viver, e nos exercitar na coragem de sobreviver. E aprender que ninguém se salva sozinho.*

E soletrar como Abraão, a esperança contra a esperança.

Foi com este espírito que na época voltei ao tema e escrevi este artigo:

A ESPERANÇA CONTRA A ESPERANÇA

A esperança é uma janela, uma porta, um ponto de fuga?

Não. Está ligada à perseverança em continuar a caminhada, apesar das intempéries do acaso, das provações da incerteza, da brutalidade das agressões e até mesmo das hecatombes. Sem falar dos holocaustos.

Ela começa e recomeça no aqui e agora de cada pessoa e de um povo, como a semente que desce à terra, apodrece e se levanta em árvore. Mas vem de longe a lavoura dos passos.

Essa força interior, essa força de não ter força, essa fortaleza no desvalimento, é a que o apóstolo Paulo dos Gentios atribui a Abraão, o patriarca de três religiões, *a esperança contra a esperança*. Uma esperança, pois, transgeracional e, sobretudo, cosmopolítica. Honrar os que nos antecederam e amar os que nos sobrevivem. Também o escritor da Vigésima Quinta Hora, Gheorghiu, ao afirmar: "Se o mundo terminar amanhã, continuarei hoje a plantar minha macieira", estava proferindo *a esperança contra a esperança*.

Não é um "oxalá", um "tomara", um "quiçá", uma borboleta no desvario, um devaneio de dias melhores. Nunca será também apenas subjetiva, mas uma esperança coletiva que levanta toda uma comunidade, uma pátria.

Ela conserva a seiva de mais um ciclo. A natureza é cíclica, sempre se renova. E a humanidade também tem a riqueza do andamento de renovação através de uma geração à outra. A nossa esperança é desde ontem e perene, nasce em vários corações, propaga-se pelos séculos e fortificará os vindouros. A herança que passaremos aos filhos e netos, perseverando na caminhada.

A esperança tem o ciclo da semente: uns preparam a terra, outros dão os passos e jogam os grãos, outros serão o sol e a chuva, para que bem outros, que talvez veremos somente em sonhos, comam o pão da aurora. Somos responsáveis por não apagar essa chama e por arar os sulcos para ondular os trigais. Mesmo que alcancemos a terra da promessa apenas com os olhos, ela será um legado a nossos filhos.

Assim a esperança é construção individual e coletiva, tijolo a tijolo, para erguer a morada do homem desde a primeira caverna até a Noosfera prevista por Teillard de Chardin a partir da primeira célula. E a memória pátria lembra os tijolos de tantos Sepés Tiarajus, Tiradentes e das mãos de Aleijadinho atadas ao cinzel para edificar os profetas da esperança.

Nossa esperança reunirá os vindouros, mesmo sendo longínqua aos anteriores passos. Alguém de muito longe quer tua mão para prosseguir e alguém que ainda virá espera que alcances a tocha da esperança. Desde a descoberta do fogo à captação das vozes em palavras impressas em letras com chumbo incandescente e destemor. A esperança é essa Bíblia, passada adiante por várias leituras e interpretações da vida. E todas as páginas dos livros escritos e por escrever.

As páginas do sofrimento e da alegria. O joio com o trigo, as algemas e as asas. A prisão e o veleiro sobre as ondas. A fonte desalterada em rios. Os espinhos engalanando botões de rosa. As chagas e cicatrizes coroando a glória do ressurgimento. Um pampa a voar a cavalo dos despenhadeiros. A sabermos que nós somos a argamassa a reunir esses tijolos construídos com suas vidas na esperança de um mundo melhor.

Essa tarefa e missão de cimentar as lutas e sonhos começam com a organização de uma sociedade justa e fraterna. Nenhum grão de areia deve ser desperdiçado no amálgama da dor sendo testemunho dos sobreviventes das lutas fratricidas, dos genocídios e da tirania desumana. Ela não cabe em bolsos e gavetas, em valises e armários, em apólices bancárias, a sete chaves de cofres do coração e da ganância.

No portal da *Divina Comédia*, Dante interrompe os passos dos que entram na desesperança. Penso, no entanto, que muito antes estamos na tribulação se não a tivermos em vida. No espanto do grão tornar-se copiosa planta.

Apelo ao poeta da filosofia, Kierkegaard, que a torna um encontro pessoal quando afirma: "Não sei quem és, onde estás, qual o teu nome. Todavia, és a minha esperança". E assim a esperança peregrina de pais para filhos para não só proclamar os direitos e deveres humanos, mas exercê-los, pô-los em prática. A justiça é soberana aos códigos e não fica refém de leis ilegítimas. E se liberta da confraria do umbigo, a comermos os frutos da alvorada ainda no pé com o orvalho da noite, através do cultivo e do cuidado com o mais belo planeta da imensa galáxia, a terra onde nascemos. Seremos como estrelas gotejando da amplidão.

Maria Carpi

1.

Eu não tenho medo
do inferno. Tenho

medo do paraíso.
Eu não tenho medo

do ódio, mas medo
avassalador, sem

costura, do amor.
O medo é meu caminho.

2.

Eu tenho também medo
da escrita. Medo
de que meus rios
nela não fluam,

que as árvores nela
não deem fruto.
Medo do amor
capturado pela palavra

como os peixes na rede
do pescador.
Agora, a escrita
tem medo de mim,

estreita porta.
Como a pomba
no alçapão da tinta.
Sou o alarido da seiva.

3.

O centro de gravidade
da esperança é a valia
da desvalia. Uma árvore

sem sombra. As asas
de folhas e páginas
ainda na capa do tronco

que o inverno despiu.
Então a esperança nasce,
da coragem e do medo.

Da coragem de manter
o medo de pé, intacto,
frente ao sol, sem sombra.

4.

Quando não esperas mais nada,
quando ficas perito em nada
aguardar, não esperas que a porta
se abra, nem aguças os ouvidos

a escutar os passos de quem vem
à porta, de quem entra ou não entra,
nem com os dedos apalpas o vulto
que ainda advinhas à porta agora

entreaberta

e te contentas com o que está
ao rés do chão, e tanto faz ir
ou não ir, viver ou esvaziar o corpo
e o copo, estás frente à esperança

com a indesejada das gentes.

5.

Contra a esperança, esperar.
A esperança não justifica o sofrer
no bordado das cicatrizes.

A esperança é a escuta do grito
e da ferida. Não abranda o sofrer.
E sendo a carne do sofrimento,

a esperança não se separa da alegria,
mesmo na dor, mesmo no parto,
mesmo na separação, com a quietude

da terra lavrada e semeada. No miolo
dos sonhos há tantos sonhos. Secado
o pranto, não secaram as outras lágrimas.

Na alegria, a morte deita e nos alça
outros. Um grão que se levanta
transporta o sítio que foi pisado.

6.

A esperança contra a esperança
é solidão extremada. Sempre
nos desviamos de sua seta.

Suportamos o pranto, mas são
insuportáveis os olhos secos
de lágrimas. Cegados de claridade,

ao receber a luz da furtiva chama.
A esperança em solidão não tem
contraste. Uma solidão que aceita

viver na multidão. Aceita beijar
com lábios quentes o rosto sem rosto
da multidão. Não sendo escolha,

ela nos escolhe, vazios de imagens.
A vida não é vivida sendo imagem.
A pessoa que amamos não é nada,

sendo a nossa imagem. Amor e morte
querem o corpo. A paisagem do corpo.
A carne santifica a esperança.

7.

A esperança compartilha as horas
da existência. À hora do parto
– se não há nenhum entrave –

o útero fica acanhado, estreito e o ventre
não consegue mais se distender
além de seus limites, sendo empurrado

o nascido da esperança para a vida.
À hora da morte a esperança copia
o texto da abertura. Não há mais

espaço na existência, que ficou
pequena, estreita, acanhada ao ar
e à luz, e o agônico nela descabe.

Então a esperança o empurra
para a amplidão desconhecida
sem o acompanhar. No nascimento

a esperança é parteira e parturiente.
Na morte, a esperança não medra.
Jogam-se fora todas as pedras.

8.

Há de se ter esperança sem tê-la,
guiado a contragosto no gosto.

Não reparar as perdas. Reparar-se
do ganho, reparar-se do silêncio

da morte, aprendendo a silenciar
a esperança. Se tivesses nascido

antes da hora de nascer ou se ainda
não vieras à existência, com quem

se alimentaria tua esperança?
A quem molharias os lábios

ou fecundarias o ventre, ausentes
o teu lugar e o teu momento?

9.

O homem e a esperança
sabem, mesmo no desvio

das alegorias, que não ultrapassam
os umbrais da sombra.

A esperança é a vela
acesa que se apaga no umbroso

pórtico e se compadece, desde
o tenro nascimento, daquele

que também vai morrer.
E assim escreve as melhores

páginas. O homem é a obra
póstuma da esperança.

10.

O fel não será cutelo às lágrimas
da esperança contra a esperança.
Nem a dor nem a vileza farão
verter o cântaro do mar interior.

Não choraremos pelos mortos
nem pelos não nascidos.
Uma esperança ciosa, contida,
no rochedo da face diante

do abismo e do rugido das altas
tempestades. Diante da lambida
do sal nas feridas. As lágrimas
de todos os ciclos e cios, e frutos,

arrancadas do corpo pelos anos,
sem nenhum rapto, sem romper
as cordas do alaúde, sem cortar
as unhas e os cabelos, descerão

em seu açude, do rosto às ilhargas,
aos pés da lavoura da luz,
em gozo e fruição do amor.
Choraremos apenas de alegria.

O soluço da alegria iniciará o mundo.

11.

A esperança não nos sacia
de sua fome e não nos enxuga

de sua água. Enquanto levas
algo na valise ou no bolso,

ainda não estás pronto
para partir. Enquanto levas

algo no coração, ainda pesa
o passo e a andadura. Ainda

és um punho fechado
com as sementes não lançadas.

12.

Só alcançam a esperança
os que não querem ser

salvos. Dispensam boias,
paraquedas, apoios afetivos,

redes de segurança,
parapeitos e afagos.

Armas, caneta e tinta.
A esperança não quer

a salvação. Quer o salvador
acordando o íntimo

do salvado. A salvação
é não querer salvar-se.

O texto não escrito
na pele da carícia e da ferida.

13.

A esperança não escrita
é o maior perigo. Maior

que o risco de viver.
Tudo é passível de furto,

de inveja, de cobiça.
Menos estarmos protegidos

da esperança contra a esperança,
nada tendo, nada querendo,

a ser apenas a desvalia
de um grão, caído do bico

ao voo de um pássaro,
numa floresta sem trilha.

14.

Apesar dos livros que testemunham
a esperança, ela não é capturada

pela escrita, pois quer ser cantada.
E cada fonema é uma nota musical

não pautada. Quem escreve procura
pelos vestígios dos passos. O poeta

da esperança é o poeta que não escreve.
Tê-la é desejar o que não se vê,

não se toca, não se alcança. Apenas
se submete às letras da carne ausente.

15.

O caminho da esperança
se encontra perdendo,

não sendo algo a mais,
mas algo essencialmente

a menos. Sem adereços
e pertences, fica apenas

corpo, secado de alma.
Sem uso ou serventia,

nem ao menos uma pedra
ao relento. Ela não se traduz,

não se interpreta ou decifra,
a ser a translação do pólen.

16.

Não esperes por sinais.
O cálculo dos sinais
te desviam do caminho
da esperança. Nenhuma

estrela te levará a Belém.
O poder interfere nos sinais
profanos ou sacros.
Despoja-te de tudo,

a seres tu mesmo o sinal
da esperança com vários
desvios. Uma pessoa
se desvia de ti quando

a ias abraçar. Uns olhos
se desviam do teu olhar
quando ias suplicar.
Um enredo se desvia

de tua escrita. O pão
se desvia do teu prato.
Tudo se desvia de ti,
na contramão, quando

o cálice da amargura
não se desviar de teus
lábios, a seres o sinal
da esperança sem espera.

17.

Para saber se escreveste
um livro ou um poema,

o indício é sentir as entranhas
esvaziadas. Caso contrário,

não houve fecundação
nem gestação. A memória

da autoria também se esvazia
e novamente virgem escreve

a descida do espírito. Consentir
no esvaziamento e caminhar

vazio de si no vazio da escrita,
colhe-se a melhor espiga.

A única coisa a fazer é deixar
o leite subir, esvaziando os seios.

18.

A esperança requer distância.
Tudo é promessa. A terra prometida

só se alcança com os olhos.
Um vinho feito com uvas tardias.

E a esperança esplende a vide
despojada de racimos, esplende

a morte de quem espera não esperando.
A esperança da semente é ser fruto.

A esperança do fruto é voltar a ser
semente. A memória da perda.

19.

Para conviver com a esperança
contra a esperança, é preciso

um trato igual à conversa
da ferida que emudece os latidos

ou à conversa da alegria
que sabemos efêmera,

no despojamento das coisas
e dos afetos. Atravessas

um campo de torvelinhos
que te rodeiam e limpam,

qual árvore sem floração,
sem retratos e agendas.

E mais limpam do que ainda
precisas e pensas ser, não

sendo. Nessa convivência
da esperança em contra,

te surpreenderás do próprio rosto.

20.

A esperança não expulsa
a vida de sua casa.

Como debulhar as vagens
que escondem ervilhas

maduras sem profanar
as cercas que as amparam?

A esperança intensifica
o existir, de tal sorte

que nos faz sair do estreito
e caminhar por vários

caminhos. Nômades,
aquietados da esperança,

que sabemos efêmera morada.

21.

Em toda alegria, em toda
dor, lamúria ou êxtase,

sempre falta uma tábua
ou um degrau. Uma mesa

talhada em madeira
difere de uma mesa talhada

em versos. A madeira
cortada sangra e seca.

A mesa da aurora reverdece
e espuma folhas e flores

quando os cotovelos
nela se apoiam para comer

e falar da esperança.

22.

A esperança enxuga o corpo
de toda sombra. Enxuga

e seca o rosto do suor
e risos. Enxuga a sombria

espera, quando percebemos,
nítida, a áurea da pessoa.

A esperança que não acolhe
a sombra nas sobras e dobras

do tecido da vida, sempre
será um sol a pino declinado.

A ignorância dos mortos.

23.

Os convidados das bodas
não jejuam durante as núpcias,
mas a esperança contra a espera
necessita de jejuns. Nada

de sólido nem líquidos.
Não suporta digerir e ser
digerida. Talvez lhe apeteça
leite materno dos nascituros

e desdentados. Jejum
de comidas e tarefas. Jejum
de amor. Jejum de santidade.
É planta sem raízes e frutos,

coroada de urzes. Planta
aérea empurrando o alento
da boca e secando o útero
da gravitação. Uma ave

sem alarde de ovo, uma
serpente pondo-se plumas,
que rastejou até alçar-se,
quando a carne jejuou a carne.

24.

As estátuas dos deuses
racharam quando a lâmina
ficou suspensa, sem mancha,
com o cordeiro ausente.

Quando a lâmina voltou
à bainha, na cintura do caminho,
sem molhar o fio do corte
no sangue da espera.

E o filho do ancião
teria de gerar filhos de filhos,
envelhecidos do silêncio
secando a boca, secando

os olhos, secando a lâmina
seca do brilho do holocausto
adiado, a drenar as chagas
do homem erguido das dores.

25.

Deixa as ervas crescerem.
Ao término de um ano,
não lamentes o que não
foi alcançado. Agradece

o que sobrou da faina
aos vindouros. Agradece
o que escapou das mãos.
Colhe o dia, mas não o amanhã,

a seres um terreno baldio
onde tudo cresce a esmo.
A língua não pode dizer
a medida da espera. Fora

dos mapas geográficos e astrais,
fora das metafísicas, dá-se
a translação do corpo. Faz
parte do chegar, a ânsia do partir.

Ninguém arranca do coração
o desejo de sair do peito.
Deixa as ervas crescerem.
Deixa as ervas invadirem.

O insólito se mostra, lagartixa
entre pedras da distração.
Deixa a vida se entulhar
e no lago boiar o desperdício.

Senta-te à beira, interrompendo
a leitura para larvar as frases.
Interrompendo a lavoura
para intumescer os grãos.

26.

Não há duas esperanças.
Uma clareando os caminhos
e a outra, a seta do seguir
diante. Uma sendo filha

da outra, mãe das dúvidas.
Uma de olhos abertos, da outra
com olhos cegados. Uma
pondo casa e o fogo aceso,

da outra desterro e exílio.
Não há garantia nem acerto.
Assim como entranhas
a árvore, a pedra, o rio,

será tua esperança, salva
das lamentações, salva
de ansiedades e ressentimento.
Salva por perdida, a ser

o corpo do náufrago no mar
do espanto. Não há duas
esperanças: a ser apenas
as cinzas da promessa.

27.

O homem previne-se da esperança
desde os primórdios da humana
saga. O homem precavido se defende
do inverno com cestos de cevada

e lenha. Em lãs cardadas e estômago
forrado. O homem precavido edifica
contra as intempéries, armazenando
e destilando a escassez e a seca.

O homem precavido agarra duas
vezes, com a posse registrada.
E escreve no rodapé da página
o que ficou nas entrelinhas.

É múltiplo e diverso em sobrecapas
e comida enlatada. E perito
na leitura de rótulos e bulas.
Infinitamente precavido em tudo

que lhe diz respeito, esquece
de se prevenir do extravio
de si mesmo. Nenhuma cerca
o protege do inesperado, a ser

invadido pelo chamado fora
do eixo e do controle remoto.
Esse desejo indefinido, sem
direção nem procedência,

esse poema sem letras, essa
tontura de cair para dentro.
Esse nada a fazer do encontro
nunca agendado da esperança.

28.

O nada a fazer da esperança
é a mais árdua das tarefas,
de grandes escarpas interiores
e descidas abruptas para o alto.

Não o nada a fazer do tudo
delineado e perfeito, coisas
acabadas e ciclo fechado,
de semente enterrada, alianças

rompidas, de mãos atadas
à última linha do último suspiro.
O mais difícil, promessa branca,
música sem pauta, de fino

trato e exímio tempero, adensa
um fazer não fazendo, no paladar
apurado, no ouvido afinado,
com a pele aromatizada ao ritmo

cardíaco em sintonia estelar.

29.

O nada a fazer não tem
empenho nem firma
reconhecida. Nem saída
nem entrada, nem cadeira

cativa. Reside no arejado
e encontra em se perder.
Não precipita, não inclina,
não fustiga. Deixa-se ser

sendo nada, apenas vendo
não desbotar o fazer do não
fazer, o desejo em chamas
do não desejar e, vigilante,

o amar do não amado. Não
tem livros escritos nem por
escrever. Não tem sustento
de letras embaralhando o texto

e os olhos, na quietação
da fonte e na inocência
não extremada. Não avaliza
nem se submete a conjeturas.

Não assalaria por hora nem
paga por eito. Tudo de graça
ao nada fazer da existência,
perdoando o feito e a escrita.

30.

Porém o nada a fazer
requer disciplina na distração,
pois esplende com luz própria,
sem eletricidade conduzida,

sem armazenar faíscas,
sem cartas de amor.
E pousa sem pousar,
com as asas distensas

de um voo interno,
revoando o que os olhos
encobrem fechando-s̃e.
Requer a lucidez enternecida

e a vigilância dos sonhos
a saber que, quando paras
de repente, o cansaço ainda
trabalha. Quando adormeces

de repente, continuas, nas pás
do monjolo, a empurrar as águas.
Quando morres não mais que
de repente, te exercitas em larvas.

31.

A esperança prevê, mas silencia
o visto. Prevê, mas emudece
e fecha as pálpebras pesadas
de imagens. O futuro é passado

e o presente reflui as barbatanas
na redoma da água, envelhecido
de previsão. As uvas estão nos odres
e nascem juntos pai e filho,

quando a ausência comparece.
Em sentido contrário da provisão,
segue a translação da esperança.
Uma é o acúmulo da noite,

outra é o despojamento
do amanhecer. Quem prevê
na esperança, olvida o visto
no esquecimento das asas

ao brilho da íris. Um pequeno
talo não precisa saber que será
alvissareira árvore, mas o fruto
sabe da boca e da colheita.

32.

Na esperança, o desamor
e o amor caminham lado,
mas o desamor não empobrece
o amor. Até os muros vicejam

de heras, as pedras adoecem
de musgos, o sol e a chuva
poetizam rachaduras, quando
o amor acolhe o desamor

fora de sua casa. A alegria
aconchega-se dentro da tristeza,
como a esperança está na fonte,
como a fonte está na sede,

como o grão está na fome.
A esperança nasce da retribuição
com a vida. Não da dívida
ou da justificação da dívida.

A esperança nasce ao querer
adornar a noiva, vestindo-a
da alegria das bodas, ânfora
de campanários e mariposas.

33.

Envelhecemos a esperança
sem nos ver. Envelhecemos
a esperança sem nos tocar.
Sem uma foto para confrontar

o tempo do encontro nunca
merecido. Envelhecemos
no mesmo sítio, na mesma
cidade, respirando o mesmo ar

do encontro não cronometrado.
Seguros, seguros em rugas,
sem nenhuma dúvida de estarmos
destinados um ao outro, íntimos

na pele da escuta. Os vincos
não disfarçam a busca febril.
A letra repete a letra do início
da página. Talvez, as rosas

desbotem a estampa da vida
de envelhecermos apenas
para nos nomear, rosto a rosto
e despedir a espera das cartas

lacradas, não enviadas. Talvez
nos vimos ainda jovens e esbarramos
um no outro, com todo o corpo,
mas tínhamos de envelhecer

o vinho na tuba, acalmar a floração
da videira nas artérias, sossegar
o texto e o contexto da mão
ao cálice. Envelhecer a esperança.

34.

Quando escrita, a esperança
esconde-se. Ela precisa da voz
e da escuta. O alfabeto fica
atônito com a dissonância

que ela gera. No ainda não dito
pulsa o coração da esperança.
Mesmo quando o ainda não dito
teima em ser escrito e publicado,

permanece lacrado o não dizer
da esperança. Como um sussurro
ou um grito. Ou alguém ainda por
chegar no corpo que comparece

e te saúda, dizendo. Ainda por
chegar no amado que te abraça
e te resguarda de algo ainda não
dito da esperança sem as letras.

35.

Tudo é muito enviesado
de conversas e palpites.
O léxico da existência
é saturado de falas

e vozes entrecruzadas.
Há vespas na gramática
do convívio. E a murmuração
dos mortos com os vivos.

E aves e insetos permeando
o escrito e o dito. Os olhos
dizem o que não dizem
e o coração esconde-se

no dizer. E nesse bosque
de alaridos, ninguém ouve
com mais acuidade e primor
do que a esperança. Ela

não te pede explicações
com figuras de linguagem.
Somente escuta atentamente
tua finitude e a sacraliza.

36.

A esperança não salva a vida.
A vida salva a si mesma nas inúmeras
metamorfoses da larva à mariposa.
E salva a morte e a isenta de mal

morrer. Não reside na penúria
monacal nem numa espaçosa casa
de palavras. Ela salva o silêncio
da escrita, a ser dita de viva-voz

desde as catacumbas. Contra a lei
da gravidade que desprende
a fruta demasiado madura e fermenta
o chão, sempre haverá o imprevisto

de um extravio da esperança salvando
a palavra do texto. E sugando a luz
do silêncio na muda boca, invadir
a vida, salvando a si mesma do Livro.

37.

As pequenas coisas nos salvam
do apocalipse. Toda revelação
é um soco no estômago a não
digerir comidas fortes. Por menor

que seja o teu gesto na vastidão
estelar, a teres de engolir um gole
seco diante das iguarias, faze
apenas a tua parte de enorme

insignificância. Não é a alma
que é presa a um corpo. Tão
só o corpo é rendido às rédeas
da alma e a seu alvedrio. O corpo

garante tua translação ao sol,
nas mínimas coisas coloquiais
e caseiras. A tua insignificância
garante a plenitude da esperança.

38.

Deixa as ervas crescerem.
As ervas escrevem a crônica
dos passos ausentes. Onde

vicejam ervas, por ali ninguém
passou. As trilhas amassam
ervas e solidão. Não são

ornamentais e escapam a toda
função. Somente comestíveis
às aves e aos eremitas, quando

pássaros. Não toleram adjetivos
da verde grama cultivada
em jardins, parques e campos

esportivos. Os cometas errantes,
as frutas maduras e os amantes
iletrados amam cair entre ervas.

39.

Deixa as ervas crescerem.
A esperança aprende
com as ervas a não ser
cultivada, a surtir onde

menos se espera, a teimar
em ressurgir sem nenhum
esteio. A não inundar
os olhos com previsões

ou garantir provisões
ao apetite. A não se estancar
em cisternas e cântaros.
Um poema queimando

quimeras e páginas, apetece
apenas em cobrir o vazio.
Ao rés do chão, as asas
embrulhadas na esperança.

40.

Prefiro o ódio, em sua jaula
ou solto na selvageria, ao paliteiro
da inveja e do ciúme. O ódio
é cara a cara e o punhal vem

desembainhado, com rumo
certeiro. Frente ao ódio podes
invocar legítima defesa,
vestir a armadura ou tapar

o rosto com a viseira. Ambos
se nutrem mutuamente, gêmeos
siameses de um só esôfago.
A esperança não pousa sobre

seus ombros, com o verde
ramo ao bico. Quanto mais
estendes a mão a essas irmãs
do humano infortúnio, mais

afias a lâmina da simulação.
Quem te mata, pode arrepender-se.
Quem logra na inveja ou no ciúme,
deposita flores onde morres.

41.

A esperança é a mestra da paciência.
O rancor não detém a esperança.
A inveja do rancor não fustiga

a esperança. O rancor seca
as entranhas, mas antes seca
o fruto nas entranhas. O rancor

é a cova aberta à boca. E nada
pode frente o arauto da esperança.
Apenas quebra-lhe os espelhos

e seca-lhe a miragem, enxugando
os ossos. O segredo do cofre,
as tramelas da porta, as muralhas

e pontes levadiças do castelo interior
não detêm a esperança. A lâmina
não detém a esperança. O corte

sangrando da lâmina enferrujada
do rancor não detém a esperança.
O peito ferido que sangra e desfalece,

não desfalece a esperança, que sara
o agravo do rancor, purgando-lhe
da ferida, quando a esperança

se torna o manto da misericórdia.

42.

Das virtudes cardinais, a esperança
é a única que conta para trás
sem tornar-se sal. Conta os passos

embutidos nos passos. A floresta
no grão da boca. O mar no grão
salino. Sem alarde, apenas brisas.

A seiva dentro da planta. Um
querer não querendo. Um amar
sem intento. E levanta a terra

no arremesso de mil pássaros
e passos silenciados, quando
beijamos a cabeça dos netos,

sabendo que não a veremos
embranquecer. E mais floresce
sem explicação. As uvas fora

do ciclo consolam os vinhedos
rubros. As estrelas gotejam luz
na leitura dos olhos apagados.

43.

O destempero do desespero
não é o contraponto da esperança,
mas o desvario dos grãos.
Um desespero bem salivado

e digerido, um desespero
agasalhado também agasalha
a esperança. Ambos, velhos
amigos, comem no mesmo

prato. A coragem nasce
do medo de desaparecer,
o medo primordial aos outros
temores, a não ser somente

jactância e temeridade.
A esperança versa veredas
de desesperança. Orienta
os ventos, desorientando.

Alcança esperança quem
rumina com parcimônia,
dia e noite, como os bois
na lavoura ou sob a canga,

o último naco do desespero.

44.

O que uma águia tem
a ver com o universo? Nada.
O que o Cântico dos Cânticos
sussurrado ao pé do ouvido

tem a ver com o sistema
estelar? Nada. O que
as órbitas celestes têm
a ver com uma pequena

ave e um efêmero verso?
Tudo. Um simples pássaro
franzino, uma gota de poesia
minúscula, um punhado

de ossos e plumas, soluço
ou gorjeio na garganta,
retirados do mundo, causam
grandes catástrofes, dilúvios

e enchentes, terremotos
e convulsões cerebrais.
O que importa ao mundo
em vastidão e complexidade,

não é o grandioso dos sete
patamares da ambição e glória,
mas o exíguo de uma promessa
ainda a voar, e a ser escrita.

45.

Os maus também desfrutam
da esperança, mantendo-a
submissa, servil, escrava.

A fraude da promessa:
a malicia junto ao trono
e o altar. Mal sabendo

que a esperança escapa
das mãos, longínqua estrela
da manhã. Mal sabendo

do não poder da esperança
sem posse. Face ao poderio
de matar, ela grita: não podes.

Face ao poderio da injúria,
ela grita: não podes. E o ser
despossuído atravessa verdes

campos da esperança perdida
por achada, como as ondas
do mar, devolvendo os corpos

afundados. Ou a água doce
dos rios e córregos que tentam
diminuir o amargor do oceano.

46.

Uma legião não tece a esperança.
Os demônios se juntam no tear
da tormenta. Ela escuta e se alteia

somente na pessoa firme, coesa
em sua singularidade. Em solidão
de seiva e tronco. Subterrânea

água que sabe de nossa finitude.
Desde o ventre, sabe do luto
e das exéquias. Enquanto a fé

reparte o pão e o amor sacia
o faminto, a esperança apenas
é a barca da improvável travessia

à outra margem sem imagens.
Ela não satisfaz as alegorias
do desejo, mas o suscita, em cada

remador, dando-lhe remos.
A esperança ensina as primeiras
letras. Ela alfabetiza o desejo.

47.

A esperança não prescreve bonança
aos bons nem a catástrofe aos maus.
Não prescreve alegria ou sofrimento.

Ele os acolhe e reparte-lhes o pão
conforme a fome. A malevolência
não prova de seu fruto, pois tem

a boca amarga. Aos que dela provam
continuam lavrando e semeando.
E pressentem o fruto calado no grão.

Nenhum anjo conhece a esperança
em verdes asas. Nenhum anjo saboreia
a hóstia do amanhecer. Nenhum

anjo, mesmo caindo das alturas,
adoece de esperança. A colheita
da esperança é a retirada dos anjos.

48.

A luz da cobiça não é a luz
da esperança. Peste, sem sinais
de doença, esplende suas posses
e maligna reverbera. Começa

por encharcar os olhos em tudo
o que vê e não vê. Depois
corrói as vísceras. A mais
nobre, o coração, é a primeira

a ser invadida. Seca a alma,
seca os sonhos, seca os filhos.
E queima os livros e a leitura
dos astros, pois a luz da cobiça

não é a mesma da esperança
no reflexo dos olhos de vidro.
A luz da esperança de longe
nos vê antes de ser vista.

A esperança é a melhor forma
de empobrecer e esvaziar
os bolsos e calendas ao fazer
sombra embaixo dos parreirais.

49.

A esperança não é a água
que emana aos borbotões.
Nem água encanada ou
em reservatórios. É água

a se levar à boca com ambas
as mãos. Com parcimônia.
Água casta, água escandida
no moinho do útero. Sempre

nascente, nunca agônica.
Sede com sede de esperança
sem tê-la. Muitos julgam
a água insípida. E a adoçam

com açúcar e sabores. Como
em tudo na vida, misturam
os elementos e contradizem
as palavras A esperança bebe

a água na fonte e aguarda
o último gole, a bombear
o sangue e pulsar o susto
de estar vivo. Depois abre

os favos e escorre o mel
das frutas no arvoredo. O sinal
é o rompimento da bolsa
da água: esvaziar-se da esperança.

50.

A esperança não necessita
de mensageiro nem da anunciação.

Apenas necessita de entranhas.
É a memória do futuro, sem quebrar

a casca do ovo ou ferir o voo das aves
migratórias, que retornam do lugar

nunca habitado. A memória
da morada anterior ao nascimento

em busca do que em nós reside.
A fonte não desaltera a líquida

esperança que nasce da sede
e da indigência. Quem alcança

um copo, fica saciado de não bebê-la.
A solidão das águas nas entranhas.

51.

A esperança como o homem
sabem-se mortais. Ambos,
andaimes da morada do sol,
serão retirados. E ficamos

prisioneiros do lugar vago
da esperança, vago da ossatura,
enquanto houver uma moeda
no bolso ou um cetro no cofre.

Há mais desespero na porta
de entrada do que na porta
do serviço. E prisioneiros
de mais um lance de dados.

Prisioneiros de uma culpa
sem crime. Prisioneiros
da antecipação do paraíso.
Por ser mortal, a esperança

é contra a usura. Não enche
celeiros, não faz estocagem
de alimentos e livros. Receitas
de beleza e felicidade empacotada.

A esperança diarista será
sempre um campo aberto.
Ela se contenta com o cotidiano
pão e o amor de cada dia

na eternidade de passagem.

52.

A distância da esperança
é percorrida pela luz.
A estrela sabe vencer
a escuridão do descampado,

mas o próximo nos escapa.
Mesmo estando juntos
no amor, temos de palmilhar
o percurso do astro no breu

do enlace em chamas.
A chave e o cadeado
das nuvens não impedem
que se pulem muros e portões.

A esperança não antecipa
o tempo nem desloca o espaço.
A esperança é o teu próximo
sempre furtivo. Somos

os intervalos da métrica.
Mesmo estando face a face,
o próximo não se dá como
portas que só se abrem

de dentro para o aberto.
A esperança aguarda.
Só conheces no incerto
da esperança e ela aguarda

que tu lhe abras a porta.

53.

A esperança não contabiliza
as façanhas e glórias. Essas
têm seu próprio salário.

A esperança conta as caídas,
as tribulações, as derrocadas
e páginas rasgadas, sendo

a narrativa do sofrimento.
A esperança não é previsão
do perigo, expectativa

de dias melhores, consolação
de como o sol nascerá de novo.
Muitas vezes é tão profunda

a dor que a esperança, para
vir à tona, necessita do lacre
de um pisado ou queimadura.

Só com palavras a ferida
não se cura. A esperança
será das dores a cicatriz.

54.

A esperança como a poesia
é essencialmente mediadora.
O que tomba é um veículo

dos que continuam a caminhada.
O mártir é o mediador do sangue.
Há que se sobreviver aos pais,

sem matá-los. Mesmo quando
a morte os alcança, deixá-los
viver. Sobreviver não à morte,

mas ao nascimento. Ao sermos
expulsos do ventre, entranhamos
o mundo. Sobreviver é tornar

audível a voz das entranhas.
E a esperança da vida depois
a morte é superada no desejo

da esperança de não estarmos
mortos na existência. Viver
na esperança é persistir, não

importa a duração da chama.

55.

A esperança transferida
a um filho ainda não

amadurece a lavoura.
A esperança transferida

ao amado ainda não
debulha as espigas.

A esperança transferida
aos demais passageiros

da embarcação ainda não
assopra as velas. Ela indaga

por aquele que, no mais
íntimo de ti, ainda está vindo.

Ainda é náufrago. Ainda nada
contra a corrente das ondas.

56.

Apenas a esperança perdoa
desde o coração do perdoado.

No agasalho da corola, no olho
d'água, na íris da luz, na mão

que deixa cair a caneta, que não
mais escreve a última carta,

na cabeça embranquecida
que tomba sobre a escrivaninha

e os óculos que ainda tentam
ler as linhas mudas de palavras.

Apenas a esperança é a página
em branco do que poderia ter

sido um abraço e o rosto colado
ao rosto, de lágrimas perdoado.

Apenas a esperança perdoa
a morte ao que permanece vivo.

57.

A carta contra a esperança,
depois de lida, permanece

apócrifa. Sem rosto, mesmo
quando escrita pelo punho

do mesmo sangue. Não será
rasgada ou jogada no cesto

do esquecimento. Não serão
cinzas ao vento. Permanece

brasa na pele da esperança.
Apenas quem a lê purga-lhe

a dor, purgando-lhe a mora
de cortar-lhe as dobradas

asas, ora lençol do eterno
na passageira turbulência.

58.

A esperança é o mais belo
poema de amor, o mais forte

desenlace, o Eros da cópula,
quando duas vozes unidas,

no tempo e na emoção,
cantarem o encontro, sem

formar dueto na junção,
em duas chamas, feminina

e masculina, um fogo a duas
vozes, querendo a diferença

que une, separando o tom,
a gravidade e a graça,

na vibração do arco e das cordas
de um violino transparente.

59.

Não há oficina de esperança
como, apesar dos letrados,
não há escola de poesia.
A esperança não recruta

adeptos nem enfileira afoitos.
A esperança não se herda: brota
de uma solidão intransferível.
Ter esperança em algo faz

com que a multidão o olvide.
Ter esperança em alguém
o acorda do olvido de si mesmo.
A esperança é um voo cego,

amortecendo os morcegos
da noite. Se o amor chega,
a esperança foge de casa,
indo morar onde não estamos.

Ter esperança no que se ama
é ver-se no espelho das águas
sem saber que nos estamos
vendo. É viver contra si mesmo.

60.

A esperança é contra toda
expectativa. Um resquício
de expectativa é insuportável.
Ele toma conta da respiração

com o mundo. É fuligem
ao alecrim que cresce
no jardim da existência.
Na ansiedade de melhores

dias, escapa a ressonância
da origem. Até os girassóis
emudecem sem a esperança
que nada espera e não tem

configuração poética. Não
tem nenhum esboço prévio.
Não se submete à ficção escrita
ou por escrever. Não é etérea

ou abstrata ao estranho de carne
e osso, contra nossa vontade
e prole. Ninguém antecipa-lhe
os passos. Ela antecipa do nascer

a findação, ao te arrancar do texto,
colocando-te fora da narrativa,
fora das órbitas celestes, a seres
o ator profano da liturgia sacra.

61.

Morrer é a despedida da esperança.
Abre-se a cancela para os campos

maduros, deixando-os ao cuidado
de outros ceifadores. A esperança,

em repouso dos que partem, agora
fogo da morada, não te assegura

o paraíso. Ela te assegura desvios
da geografia, sendo o dom de quem

morre e aceita morrer. Aceita ser
jogado, aceita ser apenas semente.

62.

Eu quero que a terra
me cubra. Eu quero
descansar da esperança

na lucidez das vinhas
maceradas. Quero
viver agora sem nada

me ser prometido.
Sem garantia de viver.
Sem apólice de saúde.

Sem aliança no dedo.
Sem caneta ao verso.
Sem cadeira cativa,

brasão de imortalidade
ou jazigo perpétuo.
Maravilhar-me de abrir

a cada dia as pálpebras.
Maravilhar-me de ainda
estar viva em comoção.

Eu quero, sem eira nem
beira, sem editor ou justo
varão, engravidar a morte.

63.

Como eu amo quando,
no meu quintal inserido
na vastidão cósmica,
nasce uma árvore ou

flor que eu não plantei
nem semeei. Nasce a esmo
de minha determinação.
Algo não previsto, nem

sequer acalentado, escrito
no milagre da terra
que resolveu despontar
aquela reserva que ficou

longo tempo sepulta.
Ela veio para me dizer
simplesmente: estou aqui.
Estou vindo, inesperada,

agora. Quanto tempo
eu terei de permanecer
sepulta nos ossários
da escrita e ressuscitar?

64.

A esperança nasce da falta.
A falta não se vê a olho nu
nem com lentes de aumento.
Não se toca nem se engole.

Não se pode configurar.
Apenas respira-se o hálito
de rosas do jardim ausente.
Um absurdo estético florindo

em todas as janelas, abrindo
portas emperradas e bebendo
da boca serenada de faltas.
Sem medida de peso e altura,

sem suporte de expiação
ou prova, a contragosto
de tudo, a pessoa nem percebe
que também está faltando.

A falta de si mesmo enche
o cálice e escreve o livro.
Não quero estar presente,
quando sentires a minha falta.

65.

Atingi uma idade, uma tapera,
um jeito esquivo de olhar, em que
se torna imperioso não deixar
para amanhã o que se deixou

de fazer hoje. Esvaziar os bolsos
de moedas e projetos. O dia
seguinte é hoje. Antes de virar
a página, ouve-se o murmúrio

dos rios vindouros com saudades
da nascente. Hoje a mancha
de suor evapora e as vinhas
empurram a rolha da garrafa.

Hoje, precisamente hoje, tua
barca se distancia e eu te chamo.
Vais dobrar o arpoador, o cotovelo
do pranto e eu ainda te chamo.

O meu grito interpela as ondas
e tu te voltas, remanso da água
que se quer alçar andorinhas,
porque o dia seguinte é hoje,

arrastado às praias pelo olfato
das algas da pele amornada.
O amor e a morte não se podem
salgar para o dia seguinte.

66.

Qualquer lugar é terra da promessa.
Atmosfera que antecede os temporais,
sumarenta de detritos, fermentação

do solo prestes a ser molhado, acre
tensão do útero antes de conceber
a escrita do sangue, do lado de cá

da miragem, espelhando o desamparo.
Qualquer lugar é lugar dos sonhos
acordarem. E desamarrar a cotovia

dos ventos. Qualquer lugar esconde
e destapa o lugar de rasgar a ficha
da prisão da posse no torvelinho

da espera. Qualquer lugar descabe
da esperança emoldurando a falta
original, no inacabado quadro de cores.

67.

Quando o meu espírito está
ovulando, qualquer coisa
que me toque, uma flor, uma

fruta, jarro de água ou vinho,
aroma de luz amortecida,
qualquer coisa em falta, quentes

mãos em minha cintura, o timbre
de certa voz calada, colada
ao vidro do não dito, um silêncio

audível, fico irremediavelmente
grávida. Esperança é conviver
com a falta de tudo o que existe.

68.

Nada reservo da vida para preservar-me
do que me falta. Tudo escrevo da lida,
para não pôr letra ao que me falta.
O meu canto solta-se no que me falta.

O meu ofício labora na falta. Minha
morte é a glória da falta no anonimato,
no esquecimento, a lembrar a perenidade
do que me falta. Perpetuar a falta adia

a eternidade. Eu sou perecível, eterno
é o que me falta. E mais morro, a dar
lugar e rosto à compaixão da falta.
Assim, faltava em mim e mais faltava

no amado. Faltava na alegria e mais faltava
na dor. Uma falta carnal, mais corpórea
do que o corpo que a alimenta. Mais pão
na retiração que a mastiga. Uma falta, sinal

de nascença. Uma falta, mulher fecundada.
O que posso perdoar é alertar a falta.
A falta gerou a paciência. A paciência
gerou o poético despindo a mão da luva.

E assoprou as pálpebras, os véus, as páginas.
O poético é uma doce falta contra o céu
de si mesmo. Partilhar a vida na morte
e na morte, mais partilhar a falta da vida.

69.

Quando o outro
for o estorvo
de minha esperança,
saberei deixá-la?

Saberei ficar
ao rés do chão,
sem as cotovias
da esperança?

Saberei colher
amoras da tristeza
que se debruça
sobre meus ombros?

Saberei acolher
quem me detém
os passos e furta
a flor da palavra?

Silenciarei a esperança
para receber o rosto
que me tira o pão
e me trava o sonho?

70.

O outro é a esperança
no exílio. Estranho
ao álbum de fotos
da família reunida.

Estrangeiro na pátria.
É preciso tirar a roupa,
esvaziar propósitos
e valises, esvaziar-se,

a recebê-lo na morada
vazia da esperança.
É preciso aguçar bem
os olhos a ver algum astro

no escuro espaço sideral
do outro sem esperança.
Será insuportável
ficar a sós com seu brilho.

Se a barca afunda,
a corda arrebenta
e ficam os debruns
das ondas no mar

do existir enfurecido;
não lhe deites redes.
O outro não quer ser
salvo. Quer nos salvar.

71.

O outro salva, perdendo-te.
E quando nada tens a perder

e negociar, sobrará o túmulo
vazio e os panos por terra.

Os livros por terra, a esvaziar
a infâmia e a piedade. E mais

esvaziar a fortuna do infortúnio,
a glória do martírio. Os favos

de mel do encontro e o travo
amargo dos desencontros.

Vazio até a medula, da vida
e da morte, do amor e dos desamores.

O outro te salva da voragem.

72.

As mãos vazias se erguem
em direção aos frutos,
suspensos no arcabouço
do ar. Tateiam o espaço

do surgimento da árvore.
Ou talvez escrevam o livro
da claridade. O poema
sustentado pelas caladas

palavras. O que não tenho
sem desejo de ter, coisas
perdidas, fazem o universo
girar mais leve em torno

da ausência iletrada de aves.
O obstáculo abre a porta
nas galerias da escuridão.
Se nos vedam a passagem

com muros, a esperança abre
fissuras e brechas. Lacunas
no texto da lei e da sentença.
Quando não há saída, saímos.

73.

O tempo que se esgota,
a vida que se esvai,
o amor que se esvazia
escrevem as páginas

em branco, as órbitas
vazadas do leitor cego,
sem tinta, sem signo,
inenarrável caligrafia

muda. Apenas uns olhos
mansos estão preparados
a ler o anúncio do verbo
no seu adiamento. Estão

preparados, a passos idos,
ao inventário da ausência,
amadurecendo olvidos.
A transmissão não se faz

boca a boca, tato e voz,
mas pelo canto do sangue
no mapa subcutâneo. No
testemunho da esperança

de que o sangue é espírito.

74.

A esperança tem sua retaguarda
no luto e no pranto, as mandíbulas

dos cavalos freando a correnteza
dos rios. E mais tem retaguarda

na morte anunciada. As exéquias
do livro não acabado. Porém,

quando chorares, entra em teu quarto,
a que nada perceba a lástima, entra

na reserva da corola do jasmim à noite.
Na reserva de um poço esquecido

de uso. Só a esperança sabe ouvir,
em íntima solidão, o vento uivar

nas altas escarpas da alma. Só
a esperança sabe ouvir as lágrimas.

75.

O verdadeiro agradecer à vida
é o esvaziamento da esperança.
O tempo que resta tem medida
no compasso da devolução quando

a esperança esvazia as artérias.
A esperança não se acelera;
escorre lentamente da ampulheta
do tempo. Não apura os ciclos

e não racha a película ainda verde.
A aceleração vem dos espelhos
quebrados na avidez que mastiga
o fruto antes de capturar o sol.

Ou madurar o rosto para o rosto.
Antes do epílogo, a esperança
dá-se em conta-gotas. Eu também
dou-me em conta-gotas. Não

proponho nenhuma tempestade.
Nenhum vendaval. Nas fendas
do rochedo, entro gota a gota.
O meu desaparecer absorvido

é uma gota no oceano da escrita.
Farta de anos, no descampado
do amor, esvazio a esperança.
Sou árvore esvaziada dos frutos.

76.

A pedagogia da esperança é nada
esperar. Eu fui tardia, a permanecer
na infância da esperança. Tudo já
estava em seu quintal. As coisas

aconteciam sem espera, no milagre
de ter nascido. Gosto de chuvas
antes de sua precipitação. Gosto
de nuvens grávidas, caixas de breu

contendo água. Ouve-se a cadência
dos passos sem dá-los, no intervalo
da respiração, na síncope das novas
palavras. Açucena antes da grafia

era flor, antes de florir era esperança.
O corpo fica imóvel para o sonho
caminhar. Se acordamos, esperança
desaparece. O latido do minério

pastoreando ovelhas: na infância
da esperança, não se dá a projeção
do reino. Ele se encarna na ciranda
das pessoas na praça. Um menino

sobre palhas, uma caneca com leite
amornando à janela. Na soleira
da porta descansam os chinelos.
A rotação dos astros sabe quando

a esperança toma corpo e se ajoelha.

77.

Deixar que a esperança nos busque
em tê-la apagado do quadro-negro
das letras trôpegas de giz. O rosto
por trás da ferida e da desilusão.

Por detrás dos tombos e tropeços.
Quando a buscamos, a nós próprios
buscamos. Quando ela, do amor
toma a iniciativa, nada esperamos,

e assopramos a chama das cinzas.
Suportamos a esperança com peso
de pluma a suportar nossos mapas
e manuais lavrados na pedra.

Suportamos seus desconcertos.
O pensamento gira fora de lugar.
A possibilidade de um Deus ser
concebido nas humanas entranhas,

é vertigem. A possibilidade de beber
o sangue divino, é vertigem. A terra
da promessa que o pé não pisa,
que a mão não alcança, é vertigem.

O nó dos vinhedos: a vertigem do vinho.

78.

O refúgio da esperança é ser
contra a esperança. Há pessoas

de matéria tão dura que a vida
para acabar de esculpi-las,

precisa de martelo e cinzel.
Dureza contra dureza. Outras,

no entanto, ainda moldáveis
no barro primordial, sente-lhes

a mão do oleiro docemente,
terminando-lhes a forma ágil

que respira. O miolo do sol
no retraimento da esperança

alentando a fadiga da argila.
Nunca se termina de nascer.

79.

Tudo o que se planta
é cultivo de previdência
e de cautela. Os celeiros

cheios. A lei da estocagem
governa os hábitos. Nem
as bibliotecas escapam

da acumulação. Somos
pó e acumulamos poeira.
Por isso, a esperança viceja

entre ervas. O celeiro vazio.
Como a poesia, quer limpo
de intenções o seu terreno.

Tem o gosto da intimidade,
ao nos despojar das roupas
e da nudez, contentando-se

em ser apenas um corpo.
A esperança e a poesia juntas
florescem esvaziadas da autoria.

80.

As coisas por vir não são coisas
ao rés do solo e da página inertes,
mas atentas ao que está surgindo.
Tudo o que foi está vindo.

Tudo o que passou está vindo.
Se deres um passo, teu passo
estará vindo, vindo. O vindouro
esvazia o dia, esvazia a luz

do dia. Esvazia o possível
e o provável, ao claro enigma
do que está vindo. As coisas
por vir mantêm-se fecundas

coisas do vir a ser tais coisas.
O corpo do sol continuará girando
ao corpo que respira advindo.
O grão que apodrece é o advento

da árvore, a árvore é adivinhação
do fruto. A missão de viver advém
da criança no útero. Nosso agora
e aqui são o porvir da esperança.

81.

As coisas por vir caminham
contigo, em tua carne tecidas.
Um testamento pré-nupcial
ao corpo errante, tal a morte

na ressurreição. A epifania
é a promessa do amanhecer
gestado pela noite. O ainda
não de todas as coisas. Tudo

o que vivemos ou escrevemos
são fragmentos do vir a ser.
Do amor bem pouco sabemos
e pouco damos. Apenas páginas

que se apagam, pois o amor
além dos reflexos e referências,
rosto a rosto, seria um consentir
em morrer. E ninguém consente.

82.

Onde estavas
quando esvaziei
o cálice?
– Estava vindo.

Onde estavas
quando me rasgaram
as vestes?
– Estava vindo.

Onde estavas
quando supliquei
tua presença?
– Estava vindo.

Onde estavas
quando a morte
calou-me a boca?
– Estava vindo.

Onde estavas
quando os vermes
comeram minha
frase corporal?

– Eu estava te pronunciando.

83.

Sempre estou à espreita de tua vinda.
Dispersa no rumor, líquida na pedra,
evasiva na invasão de tua vinda. Se

o dia é bom, quero repartir com tua
vinda. Se o dia declina, quero adiar-me
em tua vinda tão próxima de não ter

vindo. E com o declínio da vida,
tornei-me exímia em concentrar o sol
no meio da noite. Não me desvio

do desvio. Tua vinda não advinda
desaltera os relógios. Nada ouço
quando ouço. Nada vejo quando

vejo. E se não amo, estou amando.
Tua vinda não advinda desaltera
a existência. São rompidas as linhas

da escuta na linha melódica do silêncio.
Fico algures das letras, na nomeação
do mistério. O desamparo me agasalha.

84.

A fama, praga que a imagem
enfeita, apura malefícios
piores do que as drogas.

Piores do que as doenças
contagiosas. O cuidado
é pouco e não há vacina

preventiva. Instalando-se
essa virose, não tendo
cura, progride. Provoca

a total perda de memória
do nascimento, anestesia
e atrofia os sentidos. Pior

do que se banir e perder
o chão. No texto da vida,
antes ficar na esperança

sem espera, a ser mais uma
presa da fama nas garras
da lisonja, gavião à espreita.

85.

Na contramão da esperança
plana a lisonja. Nenhuma arma
enfraquece mais. Esfaqueia

porque amansa. Desfigura
porque alisa. Corta as asas
porque rasteja. Cortando

o prumo, enfeita. E antes
de tesourar, incha e intumesce
desde dentro, para melhor

fatiar o engorde, pondo-lhe
franjas e temperos. E depois
de bem fechar e guarnecer

o embutido, debica a luz
dos olhos e mais bica as córneas
do esplendor, deixando vazas

as órbitas. E gavião bem-sucedido,
ainda em plumas e planuras,
enfim levita aos quatro ventos

e sagra às alturas sua carniça.

86.

Confundimos esperança com ambição
e ganância. Com garantia de lucro.

O apetite de ter mais, de avançar sobre
os demais, de comer em dobro, vestir

sobrecasaca com um cravo na lapela
e atropelar a fila dos famintos da esperança.

Quando não nos seguramos a nada,
sem custódia, caímos em esperança,

escorregando do paraíso ao contrário.
Uma esperança que não é resignação,

mas júbilo das mãos vazias. Caímos
em esperança, caímos no mais profundo

de nós, no avesso do texto, na humildade
de preparar a cova para os despojos.

87.

Para transcender é preciso deitar
raízes. E a não se desviar, é preciso

desviar-se de tanta coisa! Apesar
da extrema solidão, nesse ofício,

uma solidão sem manual de uso,
ouve-se o chamado, sem ouvir-lhe

a voz. Uma vocação sem destino,
sem sinais. O estranhamento redige

o diário íntimo à procura da vertente.
Sem raízes a esperança não brota.

Sua paisagem afunda para sobrevoar,
levando consigo o coração despossuído.

Quem morre na esperança não para
de respirar. A respiração das raízes.

88.

Ter esperança é não tê-la
como um rio que fertiliza
as margens, mas não se detém.
Deve cair e cair, despenhar-se

penteando a espuma, desde
a fonte não revelada, ao oceano
do olvido e das estufadas
velas. Ter esperança é não

tê-la, despojando-se da capa
para cobrir o desnudo, como
uma árvore. Chegando o inverno,
ela cobre a terra com suas folhas,

deixando-as cair e a protege
do frio com seu húmus. Ter
esperança é não tê-la. Deixo
cair as páginas, deixo-me cair

do verdor e das alegorias.
No dar, emigra o receber.
Há uma mútua declinação
no mútuo caimento de rio

e de planta, entre o levantar
e o cair do livro. Os bosques
do moinho dos grãos de sal.
O eterno moinho da escrita.

89.

O que mais quero é quedar-me
na esperança. Aquerenciar-me
no quedar. Estender as redes
em sua varanda. Um poço

sem que bebam de sua água,
não é quedar-se. Um arvoredo
sem que colham de seus frutos,
não é quedar-se. Desprender-se

do tempo e das sazões, não
inaugura um quedar-se. Quero
quedar-me na esperança. Um
redemoinho de emoções gira

e levanta, gira e rodeia, valseia
ao hálito da floração, aquietando
a semente tonta de germinação.
Ou apenas uma ave a estalar

o voo da árvore, num quieto
e quedo crepitar de folhas.
Quedar-me na esperança faz-me
ir adiante no desassossego.

90.

É preciso aguardar sem resguardo
para ceifar os frutos da colheita
da esperança. É preciso levantar

toda a terra no caule da espiga.
Debulhar a escrita madura. Deixar
as coisas nos perceberem. Deixar

as rochas do abismo nos contemplar
gotejando. Uma gota de esperança
esgota o fôlego do mar contido.

O protagonista da esperança não tem
armas, mas o arado e a lira. Quando
entra em cena, sazona os campos

e a alma das plantas. Afunda o instante
da água brotar do livro. Ou alguém
que te detém os passos apressados.

91.

Quem em mim não mais espera

o que mais quer e a vida daria

para ainda esperá-lo? Quem me

transpassa no dito não proferido,

na maçã não mordida, nascido

sem desentranhar-se? Quem

me sonhou, retirando-me o alento?

92.

O filho que não retorna
do assassinato, qualquer
que seja o crime, de uma
ou muitas mãos ou de mão

invisível, é o duplo martírio
da esperança. A água se
torna salobra e a escrita
transpira sangue. Trinca-se

o vidro do real. Suplicam
as mães: afasta de mim
este cálice. Será que nós
fazemos jus aos mártires?

Será que aquele que esteve
nas catacumbas do império,
no fogo das inquisições,
nas masmorras do ódio

queria que o cetro trocasse
de mão? Será que a esperança
era apenas uma barca
à margem mais farta?

Lúcifer ou os anjos das luzes,
os melhores de talher
e cama, os intocáveis
desde o berço à tumba,

não tinham inveja de Deus,
mas do martírio do verbo.
Da luz escura do sangue.
Da esperança do sangue.

No martírio do verbo
a esperança comparece
e anuncia. O enunciado diz:
eis-me aqui. E fecha o livro.

93.

Face à desfiguração do rosto,
a esperança será negada três
vezes antes que o galo cante

o dia da paixão. A negação
não é repúdio. Não é afronta.
É a estranheza total do rosto.

O enigma do rosto. A solidão
do rosto na árvore cortada.
É quando esplende, na noite

de sol a pino, a ferida exposta
da esperança contra a esperança,
sem consolação e sem volta.

A primeira vez em que o rosto
é negado, começa a noite
das noites. Na segunda vez,

a noite fatia as trevas em seu manto.
Na terceira vez, a noite pede
ao dia para morrer. E o galo canta.

94.

A esperança da reconciliação
não é teórica; nasce quando
não há o que fazer e o que
protelar. Entorna-se o cálice

das vinhas. A reconciliação
apenas se deixa dizer no amor.
Uma vez dita, desfalecem
os campos. Desfalece a rosa.

A esperança sabe distinguir
o vinagre do vinho, o joio do trigo.
Na reconciliação a esperança
emigra. Pede que descansemos,

deixando o livro aberto, a página
inconclusa. Na reconciliação
somos outros. A renúncia
do amanhã evapora o suor.

O limite é o zênite do sol.
Anoitece para nos amanhecer.
O desejo do que já temos
entranhado. Algo por nascer.

95.

Os indícios, as pegadas, os rastros,
fragmentos ou páginas extraviadas
dos livros e lembranças tragados

nas intempéries, a estrela de Belém,
falavam de alguém por surgir, alguém
que chegaria além do ter chegado.

Alguém que abriria as travas do clamor.
Alguém que se aquietou para escutá-la.
Bateu várias vezes em várias portas.

Nenhuma se abriu. Soletrou as síncopes
da esperança vazia de nada esperar.
Aquietou-se na falta de abertura.

Aquietou-se na separação, no lado
de cá da porta. Aquietar-se caminha.
Aquietar-se rompe a barreira do som.

Rasga a barra do vestido entre a luz
e a sombra. O crepúsculo é benéfico
para as asas. Não quis a vida eterna.

Aquietou-se e submergiu na encarnação.

96.

Ter esperança sem tê-la, mesmo
merecendo-a, não é ser indigente.
A indigência tem a mão estendida
ao óbolo da moeda e do pão.

Os ombros desnudos ao casaco
de empréstimo. Ter esperança
sem tê-la é pobreza consentida.
Pobreza em núpcias de quem

se tem por esquecido, inovando
a linguagem ao perder a memória
das letras. Sem data de vencimento,
a esperança completa a ausência

do esperado na ausência de quem
espera. Esperança mais corpórea
do que o corpo quando desce.
E cala a luz como asa sobre

o candelabro. O seu vocabulário
é o das entranhas. O tinteiro
entorna ao cruzar a semântica.
Não se toma de outrem o desterro

da terra. No tumulto do verde,
o rosto se ergue em busca de sol.
Quando te expulsaram do Éden,
entravas na palavra da promessa.

97.

A esperança de quem morre
torna-se matéria de poesia.
Os restos do naufrágio estão

prenhes de poesia. Se alguém
morrer de amor, torna-se
semente. E talvez o grito

de uma árvore emplumando-se.
Como se a própria morte
se inclinasse a ser uma pessoa

de nascimento contínuo.
Ela nunca será um hóspede
de vários dias. Será apenas

uma visita. Inesquecível visita
de um sonho prensado ao pés
do cultivador de vinhos. Visita

que acorda a vigília dos odres.
Todos aqueles que te salvaram
morrendo, respiram teu fôlego.

98.

Não queiras que a tua esperança
se cumpra nos filhos. Não queiras

que eles comam o pão que a espera
amassou, mas não engoliu. Não

queiras que plantem a árvore que
não plantaste. Que escrevam

o livro que não escreveste. Que amem
o que deixaste de amar. E que

paguem a dívida da apólice vencida.
Deixa que os filhos de teus filhos

escolham o caminho da incerteza
a não saldar a conta da tua inércia.

99.

Quando a esperança te chamar
pelo nome, não te vires, não pares;

continua dando os passos. Cobre
o rosto com a manta e prossegue.

Deixa que o amor te esqueça
como se nunca tivesses existido.

Deixa que apague os beijos
do ardor e destrance os abraços.

Que apague as letras da paixão
na água furtiva. Apague as iniciais

no tronco da árvore a vida. Serás
nomeado pela criação do mundo.

100.

Ainda não estou preparada
a tudo dar, na esperança
de que nada receberei.

Ainda não estou contida
a escrever, na esperança
de que serei olvidada.

Ainda não estou noviciada
a amar, sendo o transporte
do amor no tênue casulo.

Ainda não aprendi a tomar
gosto no desgosto, a plantar
no árido. Ainda não acendi

o fogo de me salvar a vida,
perdendo-a. Ainda não sei
velar o luto de minha morte.

101.

Para entardecer,
a esperança necessita
de três fiandeiras.

A primeira fia.
A segunda desfia.
A terceira comparece

e mantém o fogo brando,
tecendo e destecendo
no interior das chamas

rubras, no reverso
da lida, a chama
azul da alma das coisas.

102.

Eu não tenho medo do inferno;
eu tenho medo do paraíso. Não
estou preparada ao bem extremo
e à beleza plena. Não amadureci;

estou sempre verde, ácida, meio
esforço, meio caminho, entremeio
do amor e da escrita. Tapo-me
de folhas, de andrajos, manchada

com nódoas de frutas no avental
dos dias, imprópria ao traje nupcial,
alvíssimo, dos bem-aventurados.
Não me assustam com o inferno.

Com as labaredas sem o hálito
da palavra, sem o esteio do vento.
Eu tenho mais medo do anúncio
dos anjos; eu me escondo, tapo

os ouvidos, aperto as pálpebras,
viro as costas. Um terrível medo
em que enfim me vejo contemplar
a Face da Esperança sem espelhos.

103.

Ainda falta um passo, um estender
de braço em direção à fruta, um gole
seco, uma mariposa tonta, para o dia
se afundar no astro do alvor. Entardeço.

Sou o crepúsculo enervando a fímbria
do horizonte. Tão breve. Tão cetim.
O sol apazigua-se antes do declínio.
A terra e a noite atravessadas. Entardeço.

Alguém me procura com a lanterna
na mão. Entardeço. De minha ossatura
quero que sobrem os joelhos dobrados.
Aninho-me no rochedo. Entardeço.

O quase a surgir e o quase a se apagar
casam em cor e suspiro. O crepúsculo
e o amanhecer mostram-se parelhas
de bois fumegando as videiras crestadas

de orvalho. Entardeço a neblina. Assopro
o nevoeiro. Costuro as nuvens com aves.
Os pulmões do ocaso no levante do dia
sangram o oxigênio. A poesia sangra.